시(詩), 시조(時調), 가사(歌詞)집(集)

꿈속으로 가는 바람

윤주동 창작집 제8집

청옥

책 머리에

오늘 밤도 바람이 분다. 바람 소리에 잠이 깨어 바깥으로 나가보았다. 그런데 작은 나뭇가지에 살며시 스쳐 가는 바람 소리가 나의 귀에는 어찌면 그렇게도 크게 들려와 깊은 잠을 깨웠는지 도대체 이해가 되지 않는다. 그렇다면 오늘도 바람이 나를 책상冊床 앞으로 불러 앉혔다는 말이 된다. 또 좁은 머릿속을 어떻게 해봐야 한다는 강박관념强迫觀念에 사로잡힌다. 이제까지 바람으로 인하여 내 마음이 변變하여 오지 않았던가.

또 머뭇거린다. 무언가가 나의 발목을 꽉 쥐고 있는 것 같다. 너무 무겁다. 그런 모든 환경環境을 이겨내야 한다면서 펜을 들었다. 어떤 말로, 아니 어떤 글로서 내 인생人生에 표현表現의 점을 찍어야 하나. 어떻든 바람에 흠뻑 젖어야 한다. 그렇게 젖은 그런 모습으로 자꾸자꾸 꿈속으로 가야만 하는 것이 아닐까?

꿈은 언제나 상상想像을 품어 주어서 좋다. 그리고 꿈은 크기의 한계限界가 없는 것이어서 아무리 크게 품어도, 또한 작게 품어도 부담負擔이 없고 또한 거부拒否하지 않아서 더 좋은 것이겠지. 그러하기에 누구나 꿈을 꾸며 그 꿈의 실현實現을 위하여 각고刻苦의 노력努力을 기울이며 보다 새로운 내일來日이기를 희망希望하며 살아가고 있는 것이겠지.

그런 꿈을 찾아가고 싶다. 그러기 위해서는 오늘도 바람을 따라나서야 한다. 그래서 바람에 흠뻑 젖어야 한다. 깊어가는 이 밤 향긋한 바람에 젖어 꿈속으로 떠나며 또 하루를 마무리하려 한다.

목차

2부 그리움에 젖어

3부 느낌

4부 가을 나그네

5부 널 믿어

6부 너의 그림자

1부

꿈속으로 가는 바람

꿈속으로 가는 바람

가슴 깊이 품었던
모든 것 다 내려놓고
젖은 눈 숨긴 채로
뒤돌아서 가려 하네

새들이 날갯짓하듯
두 팔 활짝 펴고
헛웃음 한 번 웃고
또다시 꿈속으로

희망을 한 아름 안고
바쁜 걸음으로 왔다가
그날처럼 또다시
꿈속으로 가는 바람

그 꿈에 빠져 살다
돌아올 날 있으려나
그날처럼 또다시
꿈속으로 가는 바람

평화의 소나무

그리움을 가슴에 묻고 애태운 세월에

언제나 꿈속에서도 꿈으로 머물렀네

이제야 두 사람이 만나 평화를 심었네

소나무 한 그루 소나무 한 그루

허물어야 할 벽에다 사랑으로 심었네

소나무 한 그루 소나무 한 그루

그 나무에서 싹이 트네. 꽃이 피려 하네

사랑의 꽃으로 평화의 꽃으로

기다림의 그 날들이 보람으로 오는가

사랑의 꽃으로 평화의 꽃으로

※ 제100주년 삼일절을 기념하며.

독립 이야기

그리운 얼굴들을
눈물에 묻어놓고
타국 하늘 뜬 달에서
고국을 보았네

독립을 생명 삼아
죽음도 두려움 없이
피를 태워 외쳐오다
만세를 불렀네

회상에 살아나는
그날의 설움들이
남겨진 채 못다 이룬
평화 통일을

가슴 깊이 그리며
그날을 달래네
행복이 꽃피는
내 조국 내 겨레

※ 제100주년 삼일절을 기념하며.

팔미도八尾島

꿈인 듯 지나가 버린
그날들을 그려보는
낙조에 물든 얼굴
이슬비에 젖는구나

갈매기 날갯짓이
물결 따라 춤추듯이
서럽게 지는 낙엽
바람결에 손짓하네

묻어둔 채 지내던
세월마저 잠이 깨어
가슴에 멍이 되어
속절없이 숨어들고

등댓불 눈 비비고
긴 한숨만 내어 쉬네
못 잊어 다시 찾은
팔미도에 밤이 내린다

가버린 사람

내 가슴에 꿈을 주던
사랑한 사람 못 잊을 사람

꽃이 피던 그 계절도
떠나간 뒤에 다시 오건만

비에 젖어 기다려도
눈물에 젖어 불러보아도

온다 간다 소식 없이
애만 태우는 가버린 사람

맺지 못할 사랑이면
지워버리자 다짐을 해도

세월 속에 다정했던
그 사랑만은 잊을 수 없어

하염없이 그려보는
못 잊을 사람 가버린 사람.

흘러간 세월歲月

흘러버린 그 세월을
불러 봐도 대답 없는데

지난날이 그리운 건
안타까움 때문이겠지

굽이마다 심은 사랑
아름답게 꽃피웠건만

가는 세월 그늘 아래
애처롭게 시들어가네

발길마다 그려보며
오던 길을 돌아가고파

하염없이 불러 보네
흘러가던 그 세월을

사랑의 먼 길

네가 나를 싫다 해도
내 마음은 변함없어
정을 실어 바람 따라
흘러온 날 얼마인데

인제 와서 지난 세월
지워 가려 하는 거야
깊이 새긴 사연들을
지울 길은 없을 텐데

한순간의 마음으로
돌아서면 후회할 걸
아득히 멀리 가야 하는
우리들의 사랑의 길

때에 따라 가끔은
바람 불고 비 내려도
그 순간이 지나가면
다시 가야 할 사랑의 먼 길

겨울비야

비야, 비야
맺지 못한 서러움에 계절마저 잊었나

참다, 참다
더 추우면 새하얗게 눈으로 내려오지

방울, 방울
그 처량한 눈물 속에 내 마음 스며들고

외로움에
물이 들은 그 사람의 얼굴도 달려오네

젖어, 젖어
울어올 때 꽃피울 날 기다린 나무들도

잠이 깨어
실눈 뜬 채 둘러보고 다시 돌아눕는다

참다, 하얀
눈이 되어 소리 없이 훨훨 날아나 오지

억수장마

나를 두고 떠나는 임
무정하다 말했는데
돌아서는 그 눈에도
이슬이 맺혀있었네

남겨진 내 가슴에도
눈물이 고여 오네
비가 되어 내리겠네
억수장마 지겠네

언제까지 내리려나
기약 없이 내리겠네
버림받은 설움까지
깨끗이 씻어가겠지

나를 두고 떠나는 임
무정하다 말했는데
돌아서는 그 눈에도
이슬이 맺혀있었네

잠 못 드는 밤

자꾸만 생각나네
지난날이 그리워지네

보낸 뒤 잊힌 줄
알았는데 잠 못 드는 밤

어쩌면 내 잘못으로
이렇게 된 것만 같아

바보같이 보내버린
내가 미워 잠 못 드는 밤

그림자 쫓다 보낸
지난날을 후회해 봐도

대답 없는 그 세월을
원망하며 몸부림쳐도

창밖엔 비 내리고
잊지 못해 잠 못 드는 밤

무정無情하게

사랑하자 약속하고
정을 주고받았는데

무정하게 떠나버린
당신이라 잊고 싶어

더디 가는 세월 잡고
다그치며 울어 봐도

당신을 사랑했기에
아직도 잊지 못했네

언제라도 영원한
내 사랑인 줄 알았는데

추억 쌓던 언덕길에
장승 되어 멈춰 섰네

계절季節은 가고

흐르는 세월 따라
계절은 가버렸는데

이토록 가슴이
허전하고 아파지는가

깊은 밤 두견이
구슬프게 울음 울던 날

발자국 남김없이
떠나버린 그 사람처럼

꽃이 피던 계절도
무정하게 떠나버리고

믿었던 사랑마저
그 사람을 따라서 갔네

나 홀로 남겨진 채
그리움에 젖어서 우네.

사랑과 변덕變德

사랑은 꽃이 되어
보고 싶고 잊고 싶은
변덕 속에 열매로
아름답게 익어가며

다정하게 다가와
황홀하게 빠져들다
잃어버린 꿈처럼
소중했던 이야기되고

돌고 도는 그리움은
외로움에 지쳐가며
애원하는 마음을
눈물 속에 녹여가며

사랑이란 열매를
좋다가도 싫어지는
변덕 속에 발갛게
탐스럽게 익혀가는 것

그것이 인생人生이라면

청춘이 사랑이라면
이별은 무엇인가요.

만났다 헤어졌지만
또다시 만나는 인생

때로는 아프다지만
가끔은 행복한 느낌

그것이 인생이라면
그것이 인생이라면

아픔과 행복이
함께해야 할 그런 것인 걸

서로가 안고 가야 할
수많은 사연까지

세월에 실어가 보자
다시 올 먼 훗날까지

내 곁을 떠나려면

내 곁을 지나쳐간
시간을 되돌린다면

떠나버린 그날들이
제자리로 돌아와 줄까

보고 싶은 그 사람도
내 곁으로 다시 와줄까

내 곁을 떠나려면
남김없이 가져가라며

천 번 만 번 사정하며
눈물 속에 당부했는데

정을 두고 몸만 갔네
참을 수 없네 잊을 수 없네

내 곁을 떠나려면
아낌없이 가져가야지

미련未練이 남아

젊은 시절 꿈일랑은
모두 다 내려놨다 해도

아쉬움은 남았는데
나이 들면 꿈마저 떠날까

그 시절에 미련 없이
돌아선 그 사랑까지도

새삼스레 생각하는 건
미련의 그리움일는지

아름다운 가닥마다
찬란한 무지개가 되고

뒤돌아서 가고 싶은
머나먼 고향인 것 같네

가시장미薔薇

내가 바라는 당신은
화려하지 않고
그저 소박한 한 송이
꽃이길 원하는데

그런 당신은 언제나
눈부시게 아름답고
다가서면 상처로
남겨질까 두려움 주네

망설이는 내 마음에
두 손 곱게 내밀면서
사랑한다는 한마디로
차라리 달래나 주지

자꾸만 멀어져가는
매정한 가시장미

사랑이었네(Ⅱ)

얄밉다고 생각했는데
그런 마음이 사랑이었네

고운 정과 미운 정까지
내 가슴 깊이 아로새겨준

아름다운 너의 그림자
너의 손길을 잊지 못해도

그리움을 하나둘씩
지워가야 할 안타까움은

비가 되어 눈물이 되어
마음 머무는 깊은 곳으로

스며들어 강물이 되고
그 아픔마다 조각배 되네

얄밉다고 생각했는데
그런 마음이 사랑이었네

우는 바람

울부짖는 바람결에
나무들이 소스라치고
집을 찾던 새들마저
기겁하고 도망친다

엊그저께 해거름에
함께 즐겨 놀았는데
심술인지 질투인지
소리마저 질러대네

한 세월을 살아가는
우리들은 나그넨가
둥지 떠난 새들처럼
돌아갈 길 잃어버렸네

서산으로 지는 해도
아침이면 다시 온다며
쉬어가라 자고 가라
바람 보고 달래 보네

정말 미워

잠결에서 깬 것처럼
정신이 들어보니

잊으라는 말도 없이
너만 홀로 가버렸네

나도 몰래 내 마음을
가져가 버렸는지

처음 만난 그 자리에
발길은 머물고 있네

그렇게도 내 곁에서
머물러줄 수 없었나

생각하면 정말 미워
사랑을 다짐해놓고

생각하면 정말 미워
그렇게 떠날 수 있나

그리운 날들

잊는다 말하고 잊었다 말하고

세월을 속이고 마음을 숨기고

세상사 모든 걸 지우려 해봐도

그리운 날들은 떠나지 않겠지

못 잊어 가끔 생각이 날 때는

미워도 하면서 잊으려 하겠지

그대는 그리운 날마다 찾아와

흐르는 눈물에 머물러있어도

숨기는 마음에 그림자가 되고

그리운 날들은 떠나지 않겠지

사랑 낙엽落葉

푸른 초원 뒹굴면서
사랑한다 고백하고

풀꽃반지 끼워주며
맹세하던 사람인데

먼 산에 뻐꾸기 울고
그날처럼 꽃피는데

안아주던 그 사람은
어디 가고 홀로 섰나

살포시 눈 감으면
미소 짓는 그 모습이

손짓하며 불러주어
설렘만 더해주는데

다시 찾은 초원에는
사랑 낙엽만 쌓여가네

2부

그리움에 젖어

당신만을 사랑했어요

만나는 순간마다
행복했던 그 날들
너만을 사랑한다
천 번 만 번 맹세하더니

한마디 말도 없이
떠나버린 그 사람
못 잊어 못 잊어요
당신만을 사랑했어요

나 혼자 남겨지면
못 산다고 말할 때는
내 마음 모두 안다
말해주며 달래주더니

어디로 떠나갔나
사랑했던 그 사람
돌아와 돌아와요
당신만을 사랑했어요

그리움에 젖어

그리움에 젖은 채로
밤하늘을 바라보는

눈물 위로 별이 내리고
달빛마저 잠이 드네

두고두고 삭여갈 걸
순간마다 아쉬워하며

지난날로 되돌리면
다가오는 그 얼굴뿐

마음속의 그리움은
그림자로 되살아나

이 한밤도 지워지지 않는
깊은 상처가 되네

그리움에 젖은 채로
눈물 속으로 빠져들며

사랑은 추억追憶

온갖 향기 흩날리는
마음마다 사랑이어라

낙엽으로 한가득한
마음마다 추억이어라

아픈 날도 있었지만
즐거움이 더 많았는데

아름답던 그 시절의
내 사랑은 어디로 갔나

원망하며 미워해도
그리움은 미련으로 남아

지난날을 생각하며
소리 없이 불러보건만

소용없는 가슴에는
추억들만 새로워져 오네

당신만을(Ⅱ)

나는 당신의 숨겨진 마음도 보지 못하고
손에 쥔 몇 가지만 보았습니다

먼 길을 언제나 함께 가야 할 사이라면
한 번쯤은 풀어야 할 보따리인 걸

움켜쥔 채 모르는 채 그렇게 살아간다면
우린 서로를 몰라야 할 남과 다름없지요.

내 마음은 당신만을 바라보고 있는데
당신 마음은 어디에, 그 마음 알 수 없네요

믿고 싶어요 이 생명 다하는 그 날까지
두고두고 사랑할래요.
당신만을

나의 숨결이 멈추는 마지막 그날까지
영원토록 사랑할래요.
당신만을

바보 같은 사람

당신인 줄 알았는데
한마디 말을 못 했을까

만날 때면 소리 죽여
하고픈 말도 많았는데

내 마음을 알았을까
사랑이 무엇인지 알까

바보 같은
사람인 줄 몰랐네
정말 모르나 봐

떠나가면 그리움에
못 잊어
울어야 할 것을

내가 아는 그 사람은
바보 같은 사람인가 봐

민낯

우리 서로 이제까지
숨김없이 지내왔는데

내 앞에서 숨길 것이
그 무엇이 있겠냐마는

오늘따라 머뭇대는
너의 모습 바라보면서

내 잘못이 무엇인지
스스로 돌아보았네

우린 모두 알고 있지
민낯으로 살아가는데

우리들은 언제라도
민낯만을 보면서 살자

내일모레 또 세월이
흘러가도 변하지 말자

너는 모르는가

우리들이 사랑했던

지난날의 사연들을

찾아가는 걸음, 걸음
너의 미소 피어나고

머물렀던 굽이마다
방울방울 이슬 되어

소리 없이 내려주는
빗줄기에 실려 가네

못 잊어서 애태우는

안타까운 내 심정을

저 비마저 알아주는데
너는 정녕 모르는가

얄미운 사람아

오라고 유혹하지도 않았는데
우연히 내게 다가와 사랑을 나누다

가라고 보내주지도 않았는데
말없이 떠나가 버린 얄미운 사람아

내 마음 울리고 가면 그만이지
왜 자꾸 그림자 되어 가슴에 남았나

올 때처럼 마음대로 떠났으면
나에게 그리움도 미련도 주지 말지

오라고 유혹하지도 않았는데
우연히 내게 다가와 사랑을 나누다

가라고 보내주지도 않았는데
말없이 떠나 가버린 얄미운 사람아

이제는 잊어야지

세월 따라 걸어온 길
멀기도 하다지만

그 세월에 지우지 못한

아름답던 추억 속에

잊지 못해 하염없이
그려보는 옛 임 얼굴

흘러가는 세월 속에
씻어야지 그리움을

마음을 달래가며

이제는 잊어야지

미련을 버리고서
이제는 잊어야지

사랑의 올가미

올가미에 씌었나 봐
벗어날 수 없는가 봐

사랑한 게 죄인가 봐
창살 없는 감옥인가 봐

아름다운 고민이라
사람들은 말하겠지

갇혀있는 행복보다
외로움이 더 낫다지만

그 사람을 사랑해서
행복한데 잊을 수 있나

내 사랑은 영원한데
내 마음을 버릴 수 없어

올가미에 씌었나 봐
벗어날 수 없는가 봐

너를 위해

너를 위해 잊어야
한다면서도 잊지 못해

애태우는 지난날의
잘못된 나의 마음

무작정 깊은 늪에
빠져버린 우리 두 사람

후회하며 허우적거리다
헤어날 수 있었던 것은

생각해보면 사랑하는
내 마음을 숨겼는데

너를 위해 할 수 있는
마지막의 배려였네

지금에야 애태우는
내 마음 아프기만 해도

사랑 일기日記

새하얀 백지 위에

새겨가는 사랑 일기

어느 날 하루라도

빼놓을 수 없는 일기

세월의 강물 위에

조각배를 띄워놓고

만났다가 헤어지고

또 만날 날 기다리며

꽃피면 꽃길 따라

벌 나비를 쫓아보고

눈부신 태양 아래

사랑 노래 불러보다

나뭇잎 떨어지면

낙엽 모아 사연 쌓고

새하얀 눈 내리면

발자국을 새겨가도

언제나 외로운 건

곁에서도 그리운 것

떨어져 보고파서

애태우는 사랑 일기

이별離別이 슬픔이라 해도

날 두고
떠나가라 했는데

뒷모습을 보면 눈물이 날까 봐
차마 보지 못했기에
잘 가란 말도 못 했네

이별이란
슬픈 것이기에

누구라도 보내기 싫어하는데
그래도 난 너의
행복을 빌며 보내주었네

훗날
그리워지면 내 마음

무슨 말로 어떻게 달래야 하나
미워하면 모든 것이
하얗게 지워지겠지

마지막 인사人事(Ⅱ)

처음 듣는 말투로
잘 가라고 말할 때
그냥 웃어주면서
미소로 답했는데

그 인사가 마지막이
될 줄은 정말 몰랐네
잊을 수 없는데
진정으로 사랑했는데

나의 잘못이 있으면
말이라도 해주고 가지
보고 싶은 마음에
그리움만 남겨주네

처음 듣는 말투로
잘 가라고 하던 말이
마지막 인사가
될 줄은 정말 몰랐네

책임責任질게요

오늘따라 우울한 그대 모습
무슨 일이 있었나요
그대 위해서라면
내가, 내가 모두 다 책임질게요

무엇이든 걱정 말고 부탁해요
준비는 되어있어요
그대의 조그만 슬픔이라도
나에겐 큰 슬픔입니다.

그대의 예쁜 미소는
내 삶의 모두이며 희망입니다
언제나 그대의 미소만은
보호하며 살아갈래요

오늘따라 우울한 그대 모습
무슨 일이 있었나요
그대 위해서라면
내가, 내가 모두 다 책임질게요

이별離別 뒤에 오는 세월歲月

헤어지면 잊힌다면서
세월이야 가라 했는데

하루 이틀 지워가도
또렷해 오는 그 사람 얼굴

가슴 깊이 자리하며
짙어지는 멍든 상처로

세월 속에 자국이 되어
지난날로 돌아가려네

이별 뒤에
오는 세월은
미련으로 그리움으로

이별 뒤에
오는 세월은
나를, 나를 아프게 하네

설레던 그날처럼

내 가슴에 기대앉아
사랑을 약속하고

시린 몸에 봄을 피워준
아름다운 여인이여

지난날 찾아 그리움에
살포시 젖어 들 때면

봄을 따라 피던 그 사랑
한없이 보고 싶어

따스하던 당신 미소에
내 마음 녹아내려

두근두근 널을 뛰듯
설레던 그날처럼

생각하는 오늘 밤도
이 마음 널을 뛴다

널 기다리네(Ⅱ)

우리 사랑 변치 말자
영원하자 약속하고

언제라도 믿음으로
다정하게 지냈는데

어느 날 떠나가더니
마음마저 멀어졌나

세월은 소식도 없이
허무하게 흘러가고

지쳐가는 내 마음을
달래가며 기다리네

너 아니면 의미 없는
나의 삶을 기억해줘

온종일을 기다리네
잊지 못해 널 기다리네

잊어야 하네

세월 따라 가버린 사람
못 잊어도 잊어야 하네
그리워도 잊어야 하네
눈물이 나도 잊어야 하네

언젠가부터 내 곁에서
꿈을 주던 그 사람인데
소중했던 사람이지만
내가 싫어 떠나갔는데

눈물 속에 못 잊어 해도
오지 않을 옛사랑인 걸
가슴에서 지워야 하네
우리 서로 행복을 위해

세월 따라 가버린 사람
못 잊어도 잊어야 하네
그리워도 잊어야 하네
눈물이 나도 잊어야 하네

사랑의 시작始作

당신의 꿈길에서
피어나 꽃이 되었나
내 마음 깊은 곳에서
향기가 피어오르네

바라보는 눈길마다
내 마음 설레게 하는
수줍던 그 순간들이
모두 다 사랑이었네

어느새 새싹 같은
고운 사랑 시작되었네
우리의 아름다운
첫사랑은 시작되었네

당신의 꿈길에서
피어나 꽃이 되었나
내 마음 깊은 곳에서
향기가 피어오르네

우는 마음

눈을 감으면 보이는
미소 짓는 그 모습이

잊지 못할 아픔과
그리움으로 다가오는데

세월은 어디로 왔다
그 어디로 흘러갔는지

우는 마음을 모른 채
흔적만을 남겨두었네

또 한 세월이 가고 나면
잊힌다고 말을 하지만

이어져가는 기다림에
아픈 마음 더해 가는데

울고 있는 내 마음을
달랠 길은 정녕 없는가

3부

느낌

느낌

지난날 누군가가
해주던 말 한마디
버림을 당하기 전
먼저 버려라 했는데

그러던 어느 날
나에게도 느낌이 왔어
이건 아니라며
이건 아니라며

너와 나 사이에
이럴 수는 없다고
야릇한 느낌 속에
그 사람 말이 생각났어

그래서 사랑했던
너이지만 지워 버렸어
이제는 미련 없이
헤어져야 하겠지

그때의 너

네가 섰던 길모퉁이에
나의 눈길이 머물고

사랑마저 찾아가는데
그때의 너는 어디에

실바람에도 흔들리는
꽃잎과 같은 내 마음

오늘 밤도 지난날 찾아
끝없이 가려 하는데

참으려 해도 미련 속에
못다 한 꿈을 꾸면서

떠나던 너의 뒷모습을
자꾸만 떠올려가네

아름답던 때의 너를
그리움에 새겨가면서

망설임(Ⅱ)

어디선가 만난 듯한
다정스러운 그 모습에

가까이 다가가서
손이라도 잡고픈데

그리하면 실례겠지
이상하게 생각하겠지

그렇지만 남이 아닌
가까웠던 사이 같아

설레는 이 마음을
달랠 길은 없는 걸까

설레는 이 마음을
전할 길도 없는 걸까

망설임만 더해가네
이런 내가 원망스러워

사랑했나 봐

사랑하다 헤어지면

그만인 줄 알았는데

못 잊어 아픈 마음
당신을 사랑했나 봐

가는 발길 바라보며
마음에 다짐했건만

못 올 줄을 알면서도

자꾸만 기다려지네

흘러가는 세월 속에
씻겨 져 잊힌다면

그때는 미소 속에
아픔도 지워질까

벌써 잊었나

헤어지지 말자
헤어져도 잊지 말자며

두 손 마주 잡고
천 번 만 번 다짐했건만

세월이 말없이
흘러가는 길목에 서서

어느 날 서로가
다른 길로 멀어져갔네

다정하던 그때
그 다짐을 벌써 잊었나.

홀로 애태워도
소식조차 없는 사람아

내 사랑 오늘도
연기처럼 흩어져가네

지워야할 그리움

못 잊어 기다리다
지쳐버린 내 마음은

언제나 야속하게
가버린 널 원망하면서

어제도 오늘도
잊으려 애를 썼지만

너 하나 사랑했기에
잊을 수는 정녕 없는데

지난날 만남 속에
엮어놓은 많은 사연

너무도 아름다운
무지개 같은데도

못 잊을 추억이지만
지워야 할 그리움인가

우리의 길

이별하며 서로를
위로해준다 해도
달라질 것 없는데
머물 수도 없는데

슬픈 이별 앞에서
말 못 하고 마주 섰네
이제 우린 서로가
돌아서 가야 하네

우리의 길 어딜까
다시 만날 수 있을까
아픈 마음 달래며
헤어져 가야 하네

우리의 길 어딜까
다시 만날 수 있을까
아픈 마음 달래며
헤어져 가야 하네

그리고

내가 살아오면서
인생을 알았더냐

사랑을 알았더냐
욕심만 채웠더냐

세월은 홀로 그냥
가는 줄 알았는데

외로워 가지 못해
나를 따라왔다네

많이만 가지려 했고
움켜쥐고 있었는데

지나고 돌아보니
모두가 빈손이었네

아쉬워 하지 마라네
어차피 빈손이라며

잊어도 좋을 사람

지새우는 밤길에
다가서는 그대 얼굴

오늘 밤도 그리움을
한없이 새겨가네

어제는 몰랐던
또 다른 그림자로

내 곁에서 머물지만
잊어도 좋을 사람

그대의 미소까지
아픔으로 다가와도

이제는 헤어졌는데
돌아서서 모른 척

지난날 그때처럼
잊어도 좋을 사람

비야 비야

비야 비야 울지 마라
소리치는 네 모습에
기다림에 지쳐가는
내 마음도 다 젖는다

지난날 그리움을
두고 가던 그 사람이
올 것 같아 바라보는
눈가에도 비 내리고

참아가던 마음마저
너를 따라 울고 싶어
이 마음을 달래주렴
눈물까지 닦아주렴

비야 비야 울지 마라
소리치는 네 모습에
기다림에 지쳐가는
내 마음도 다 젖는다

그때는 겨울

너의 음성
오늘도 귓가에
맴을 도는데
우리가
이별하던
그때는 겨울이었네

눈에서
마음까지 아프고
시리었지만
입가에는
언제나 미소를
띠고 있었네

한잔 술로
달래도 너만은
잊을 수 없고
꽃이 피는
봄이 와도
나에겐 겨울이어라

모두가 바람

푸른 하늘에 떠다니는
구름처럼 살고 싶은데

너 하나쯤은 못 잊어도
바람처럼 살고 싶은데

그 누구도 이내 몸을
반겨주지 않으려 하고

아름다웠던 날들마저
저 멀리 떠나려 하네

제자리에서 소리치며
불러보는 안타까움은

보내지 못해 떠나려도
나보다도 먼저 가려네

날 남겨두고 떠나가는
모두가 다 바람이어라

왜 자꾸만

이 넓은 세상에서
우리가 만난 것은

우연의 만남이 아닌
필연인 거야

그런데 왜 자꾸만
내 곁을 떠나려 해

너 없이는 단 하루도
못 살 것 같은데

내 마음을 알아줘
너만을 바라보잖아

내 곁을 떠나지 말아줘
너를 위해서라면

무엇이든 다 할게
아낌없이 다 줄게

그렇게 떠나갈 걸

그렇게 떠나갈 걸
사랑한다 말했나요
말없이 떠나갈 걸
내 마음을 묶었나요

차라리 말해주면
당신 마음 달래줄 텐데
지난날 믿은 내가
바보 같아 울고 싶어

못 잊어 애태워도
만날 수는 없는가요
모른 채 가버리고
아프게도 울리나요

그렇게 떠나갈 걸
사랑한다 말했나요
말없이 떠나갈 걸
내 마음을 묶었나요

쉽게 말해봐

무슨 말이야 빙빙 돌려서
하지 말고 쉽게 말해봐
그런 식으로 얘기하면
이해하기 너무 어려워

결론적으로 나란 사람
사랑한다는 말인 거야
그렇다면 내 마음을
흔들어봐 네게 향하게

사랑이란 두 사람이
마음으로 엮어가는 것
내 마음에 쏙 들도록
너의 모든 걸 나에게 보여줘

무슨 말이야 빙빙 돌려서
하지 말고 쉽게 말해봐
너의 그 말이 내 마음을
움직이면 사랑해보자

믿었던 너

내 가슴에
그리움을 주고 떠난 너였기에
오늘 밤도
못 잊어서 너의 이름 불러본다

꿈인 듯
스쳐 가버린 그 많았던 세월 속에
우리들의
아름답던 꿈과 믿음 실어놓고

꽃송이로
피웠는데 어느새 시들어가고
믿었던 넌
떠나갔네 떠난 뒤 소식도 없네

내 가슴에
그리움을 주고 떠난 너였기에
오늘 밤도
못 잊어서 너의 이름 불러본다

그 세월歲月이

세월이 흘러간 뒤에
느껴보는 수많은 일들

오지도 않은 세월을
내 어찌 알 수 있었나

오늘이 다시 못 올 줄
번연히 알고 있어도

지난날을 기다리는 건
어리석은 미련이겠지

연기처럼 흩어져간
아득한 많은 날이

모두가 사랑이었고
나의 마음 전부였네

가끔 찾아와주는
그리운 친구가 되네

사랑했는데

잊으려고 애태우는
가슴에 비가 내리고
꿈길마다 마주하는
너만은 잊을 수 없다

얼마를 더 울어야만
마음을 달랠 수 있나
차라리 널 만나려면
몇 날을 기다려야 할까

아! 사랑했는데
너만을 사랑했는데
못 잊었는데 못 잊겠는데
어떻게 잊을 수 있나

잊으려고 애태우는
가슴에 비가 내리고
꿈길마다 마주하는
너만은 잊을 수 없다

사나이라면

사나이라면
이별의 아픔도 참아야 합니까
흐르는 눈물까지도
남몰래 숨겨야 합니까

연약한 여자에게
사나이라서 강해야 한다면
그녀를 사랑했기에
눈물을 보여선 안 되나요

오늘은 울고 싶어요
소리쳐 울고 싶어요
사나이라도
참을 수 없어요 그녀가 떠난대요

사나이라면
이별의 아픔도 참아야 합니까
흐르는 눈물까지도
남몰래 숨겨야 합니까

기적奇蹟처럼

너를 보내고
돌아서는 어두운 발길에
밤안개마저
자욱하게 내려앉아 우네

이별보다
더 아픈 일이 어디 또 있을까
걸음걸음이
눈물이고 후회만 겹치네

그 언제라도
너를 다시 만날 수 있다면
남은 내 마음
이렇도록 슬프지 않을 걸

너의 뒷모습
바라보며 마음속 빌어보네
먼 훗날 다시
기적처럼 만날 수 있기를

나를 두고 가려거든

나를 두고 가려거든
아무 말없이
나도 몰래 정을 두고
미련도 두고

모두 다 내려놓고
뒤 보지 말고
그렇게 그냥 그렇게
떠나가 다오

아름답던 추억들을
새겨본다면
눈물방울 가로막아
떠날 수 없어

나를 두고 가려거든
아무 말없이
그렇게 그냥 그렇게
떠나가 다오

단념斷念

떠나보내더라도
사랑했다 말 한마디 해줄 것을

냉정하게 그렇게 돌아서서
혼자 남아 애태우네

울어도 소용없고
불러본들 대답조차도 없었기에

이제 와서 조용히 눈을 감고
잊어야지 단념하려네

마음에 남아있는
아쉬움과 후회까지 지워가며

행복을 빌어주며
웃으면서 잊어야지 단념하려네

4부
가을 나그네

사랑의 그림자

그리움 속에
그림자로 숨어서
날마다 술잔에
녹아드는 얼굴

어느 한때는
잊었다고 말하고
한때는 잊지를
못했다며 울었는데

지난날들을
그리워하며
또 한밤을
헤매는 내 마음
그 사람은 알까

오늘도
그림자로 남겨진 채로
내 곁에 머무는
잊지 못할 그 모습

내가 원願하는 것

내가 원하는 것이
큰 것인지 모르겠지만
내가 원하는 것은
오직 너, 하나뿐이야

너에게 한 발짝씩
다가서는 외로운 길이
이렇게도 먼 줄은 몰랐네
정말 몰랐네

살며시 눈감으면
언제라도 미소 짓는 너
다정한 그 미소를
가슴 깊이 품고 살아가네

내가 원하는 것이
큰 것인지 모르겠지만
내가 원하는 것은
오직 너, 하나뿐이야

가을 나그네

노랗게 곱게 물든
낙엽 사이 길로
가쁜 숨 몰아쉬며
사랑이 찾아오네

머물 곳 없어
떠돌던 나그네처럼
내일이 온다 해도
나 몰라라 했는데

그 품에 빠져든 채
행복에 젖은 채
세월아 가지 마라
손사래를 치며

포근히 아름답게
잠들고 싶어도
가을은 또 멀리
떠나가려 하네

미련未練 없이 잊고 싶어

내일 올까 모레 올까
하루 이틀 기다림이

설렌 마음 새까맣게
속절없이 태워주네

차라리 잊어주는 게
그대를 위한 선물이라면

애간장 녹이지 않고
미련 없이 잊고 싶어

오늘 울고 내일 울고
못 잊어서 운다 해도

세월이야 가라 하고
용기 내어 잊고 싶어

오늘부터 잊고 싶어
미련 없이 잊고 싶어

내 사랑은

바람처럼 소리 없이
다가와 그림자 되어
머무는 게 사랑이라
모두가 말을 하지만

말 못 하는 내 사랑은
그대 마음에 있는데
느낌으로 손 내밀고
따뜻이 감싸 주어요

그대만을 생각하고
그대를 위해서라면
비바람도 눈보라도
모두 다 이겨내리라

내 사랑은 언제라도
그대 품에 머물고 있네
내 사랑은 언제라도
그대 품에 머물고 있네

그 사람의 얼굴

저 하늘 구름 너머
남몰래 숨어서
외로이 미소 짓는
그 사람의 얼굴

언젠가 내 곁에서
멀어져갔는데
오늘은 달려올 듯
나를 반겨주네

그 사람이 간다고 해도
어쩔 수 없었네
보내놓고 울어 봐도
소용이 없었네

가끔 생각이 나
하늘을 바라보면
내 마음 달래주는
그 사람의 얼굴

잊지 말아요

그대 나를 잊지 말아요
당신만을 사랑했는데
많은 날을 함께하면서
한없이 행복했는데

가는 세월 말리지 못해
말 못 하고 돌아서지만
마음만은 그대와 함께
그림자로 살고 있어요.

우리 서로 새겨두었던
세월 속의 조각들까지도
모두가 다 외로움이고
그리움이라고 해도

우리들의 지난 사랑을
행복했던 그 나날들을
그대 정녕 잊지 말아요
나 그대를 사랑합니다

인생人生이라 말하지만

인생이라 말하지만
쉬운 길로 걸어오면서

가끔은 눈물 속에
어려움도 알았겠지만

남의 인생 내 인생을
구별 하나 하지 못하고

그렇게도 눈을 감고
모르는 채 살아왔는지

이름 없는 야생화도
태양 아래 피어나는데

인생이라 말하면서
사랑 없이 살 수 있을까

때가 늦은 후회지만
사랑 찾아 달려가 보자

너 하나 믿었는데

너 하나 믿었는데
내 사랑이었는데

지금은 그 어디에
날마다 그려보네

오늘도 외로움에
너만을 불러보지만

지난날 그 미소만
소리 없이 찾아주는데

못 잊어 애태우던
마음에 설렘 더하네

이대로 잠이 들면
오늘은 달래질까

너 하나 믿었는데
그리움만 더해주네.

죄罪가 되어

그대와 함께 사랑하며
알콩달콩 살고 싶어
한 송이 꽃으로 피어나
향기를 품었는데

오늘도 말도 못 하고
이토록 아픈 마음
그대가 마냥 좋아서
사랑한 게 죄가 되었네

지나간 모든 순간을
지워가야 한다지만
아! 잊지 못하는
안타까운 내 마음은

견딜 수 없이 괴로워도
하소연도 하지 못하고
쓸쓸히 울고 서 있네
오던 길을 뒤 돌아보면서

다시 만나자

너를 잊어야 한다고
생각 할수록
너의 생각은
자꾸만 되살아나고

너의 이름은
입가에서 머무는데
어떻게 하면
너를 잊을 수 있을까

잊어야 한다며
마음은 벌써 정리했는데
왜 오늘 밤도
어제처럼 생각나는 걸까

차라리 다시 만나자
잊을 수가 없는데
우리 다시 사랑하며
아픈 마음 달래자

거울 보며

거울 보며 뽐내고
길을 나서 걸어보면
벌 나비가 꽃을 보고
모여들며 아우성치듯

스쳐 가는 모든 사람
나를 보며 곁눈질할까
생각하면 가슴 뛰는
그 사람도 그러할까

하늘에는 조각구름
흥에 겨워 미끄럼 타고
작은 새들 노랫소리
바람결에 퍼져가네

설레는 맘 달래주던
그 사람이 보고 싶은데
불러보면 달려올까
반기면서 안아줄까

참아볼래

멀리 있다고 생각하면
마음은 달려가고
떠났다고 생각하면
자꾸만 눈물이 나네

헤어지지 말자면서
맹세를 했는데도
그림자도 멀어져간
옛사랑이 되어갔네

올 수 없다고 생각할래
마음으로 사랑할래
옆에 있다 믿어볼래
눈물 없이 참아볼래

멀리 있다고 생각하면
마음은 달려가고
떠났다고 생각하면
자꾸만 눈물이 나네

기차汽車에 실려

농부들은 논밭에서
바쁜 손길을 움직이고
풀을 뜯던 어미 소는
뛰노는 새끼 소 살핀다

성황당 앞 고목 하나가
지나가고 큰 산이 지나가고
흘러가는 냇물 위로
작은 새들이 날아오른다

이 모든 장면들이
영화처럼 스쳐서 가고
내 몸은 기차에 실려
쏜살같이 달려서 가네

마음은 나도 몰래
무얼 찾아 자꾸만 설렌다
그 어디로 가는지를
알려고도 하지 않고서

그대의 아픔까지도

내게로 가까이
다가와요 안아줄게요

그대가 간직한
아픔까지도 사랑할래요

지난날 사연 땜에
그늘 뒤로 숨지 말아요

이제부터 그대의
행복까지 책임질게요

나만의 인생길에
그대 이제 동행해줘요

내게로 가까이
다가와요 안아줄게요

그대가 간직한
아픔까지도 사랑할래요

꽃은 피었건만

어느 날
나무를 심고
좋아하던 너
계절이 몇 번 오가고
꽃은 피었건만

미소로
반겨주었던
너는 어디에
멋모르는 꽃송이는
웃고 있는데

못 잊는
설움에 겨워
울고픈 마음
아는 듯 소리 없이
내리는 빗물에

세월의 꽃이 되는
그리움도 녹네

눈물의 강江

아주 간다는 생각 못 하고
떠난다는 널 보냈는데
허전한 가슴속에는
눈물의 강이 흐르네

왜 몰랐을까 이럴 줄을
차라리 보내지 말 걸
그때는 웃어주었는데
잘 가라, 말도 했는데

지난날 우리들의
이야기가 꽃이 되어
후회하는 내 마음에
아름답게 피어나네

아주 간다는 생각 못 하고
떠난다는 널 보냈는데
허전한 가슴속에는
눈물의 강이 흐르네

자기야 사랑해

어느 날인가
나에게
고백하며
했던 그 말

자기야 사랑해,
자기야 사랑해

언제나
들려주는 말
자꾸 들어도
싫지 않은 말

자기야 사랑해,
자기야 사랑해

만날 때면
반갑다고
안아주며
하는 그 말

헤어질 때면
다시 만나자며
다정하게
하는 그 말

생각하면
궁금해지고
보고 싶을 때
들려오는 말

영원히
변치 말자고
맹세하며
했던 그 말

자기야 사랑해,
자기야 사랑해

자기야 사랑해,
자기야 사랑해

나의 첫사랑

누나! 누나!
누나라고 불렀는데
첫사랑이 될 줄은
가슴 깊이 파고드는
그리움이 될 줄은

잠깐만이라도
못 보고는 못 살 것 같아
곁에만 있어 줘도
부러울 게 하나 없네

언제든지 생각만 해도
가슴 설레는 누나!
잊지 못할 나의 첫사랑
영원한 사랑 누나!

누나라고 불렀는데
첫사랑이 될 줄은
가슴 깊이 파고드는
그리움이 될 줄은

만남은 운명運命

우리 어떻게 만나게 되었지

이제 와 생각해보면 운명인 것 같아

항상 너무도 사랑하는 너, 너만은

언제나 내 곁에서 떠나가면 안 돼

네가 없다면 나의 삶은 의미가 없어

정말 지금처럼 살아갈 수 없을 거야

우리 영원히 사랑하자

후회 없이 사랑하자

우리 어디서 만나게 되었지

이제 와 생각해보면 운명인 것 같아

내가 아는 그 사람

내가 아는 그 사람은
변함없이 믿음직한

이른 봄에 피어나는
아지랑이 같은 사람

내가 아는 그 사람은
나 하나만 사랑해줄

망망대해에서
떠오르는 태양 같은 사람

그 사람은 나의 희망
그 사람은 나의 전부

오늘 밤도 그리움에
설레는 맘 잠 못 드네

그 사람 있어 난 행복해
그 사람 있어 사랑도 알았네

5부

널 믿어

사과나무를 심자

저 하늘에 떠가는
조각구름도 무심하고
노래하며 흘러가는
시냇물도 원망스러워

반겨주는 이 없고
알아주려고 하지를 않네
혼자라고 생각하면
자꾸만 외롭고 서글퍼

세상사가 뜻대로
마음대로 되지 않는다고
허무하다고 생각 말고
늦었다고 생각도 말자

희망 속에 열심히
살다 보면 보람도 있겠지
내일 위해 나무를 심자
쉬지 말고 사과나무를 심자

널 믿어

네 모습 떠올려보면
설렘만 되살아나네
널 믿어 사랑을 믿어
널 믿어 언제까지나

험한 세상 먼 길을 가며
너 아니면 누굴 믿겠나
네가 있어 사랑이 있어
내 마음 기댈 수 있네

아름다운 사랑이 있어
고통도 견딜 수 있고
용기 있는 사랑이 있어
두려움도 사라진다네

네 모습 떠올려보면
설렘만 되살아나네
널 믿어 사랑을 믿어
널 믿어 언제까지나

비 내리는 날에

창가에 쓸쓸하게 내리는 비가
가슴에 포근하게 안기어오면

언젠가 지워져 간 많은 이야기
머릿속 병풍 되어 펼쳐져 가네

그때는 아픔이라 눈물지으며
못 잊을 사랑이라 생각했는데

지금에 느껴보면 어리석었네
세월에 씻겨지는 상처인 것을

창가에 쓸쓸하게 내리는 비가
가슴에 포근하게 안기어오면

언젠가 지워져 간 많은 이야기
머릿속 병풍 되어 펼쳐져 가네

봄날은 언제

떠난 사람 못 잊어서
이 한밤도 불러보건만
메아리도 대답 없어
삭막하던 꿈길만 같고

보낸 뒤에 허전함을
처음 느낀 지난날처럼
가슴 깊이 얼음 얼고
찬바람만 불어오는데

언젠가는 나에게도
따스한 봄이 찾아오겠지
옛날처럼 아름다운
한 송이 꽃 피어나겠지

그리움을 지워주고
웃음을 줄 봄날은 언제
그 사람이 돌아오고
행복 오는 봄날은 언제

사랑해도 되나요

날마다 스치면서
그때는 몰랐는데
이제는 생각만 해도
설레기 시작하네요

가끔 못 만날 땐
허전한 내 마음은
궁금해 걱정되고
보고파 애가 타네요

나 이제 그대를
사랑해도 되나요
하루도 못 보고는
참을 수가 없어요

그대가
허락하지 않아도 사랑할래요
우리 함께
아름다운 사랑을 나누어요

내 임이 울고 있네요

비 내리는 창가에서
내 임이 울고 있네요
이 밤이 새기 전에
떠나야 한다고 하네요

그대여 떠나려면
웃으며 떠나가세요
운명이라 생각하고
말없이 떠나가세요

내 눈의 눈물이야
빗물에 씻기겠지요

내 마음도
운명이라 하면서
달래 볼래요

비 내리는 창가에서
내 임이 울고 있네요

사랑과 인내忍耐

사랑은 눈물인가
잊지 못할 추억인데

어쩌면 이렇게도
괴로움에 겨워하나

사랑은 인내라서
참아야만 하는 거라

아파도 웃으면서
안 그런 척해야 하나

그래도 꿈길처럼
아름다운 것이라서

언제나 감싸주며
가꿔가야 한다 하네

사랑은 꿈을 꾸며
행복을 피워가는 것

세월歲月을 잡아두고

세월아 게 섰거라

내 너를
여기에다 잡아두고
흥을 돋우어 마음껏 즐겨보련다

내 곁에다
예쁜 꽃을 피워주고
새들을 모두 다 불러 모아 다오

이슬 머금은
꽃잎을 따서 입에 물고
온갖 새들의 장단에 춤을 추련다

세월아 게 섰거라

내 너를
여기에다 잡아두고
근심 걱정 털어놓고 즐겨보련다

꿈꾸는 야생화夜生花

떠난 임 그리워서
밤에 피는 꽃이여

오늘 밤도 못 잊어
밤이슬에 젖는가

인적 없는 길모퉁이
적막하고 쓸쓸한데

새겨둔 사랑 때문에
두 눈가에 이슬 맺히네

꿈을 먹는 야생화야
그 사랑 잊지를 마라

지난날의 아픔들은
네 마음의 양식인 걸

꿈을 꾸는 야생화야
또 한밤을 지새우나

나의 자화상自畵像

수많은 세월이 흘러가도
나는 이대로일 거야
이 모습까지도 변함없이
나는 이대로일 거야

잊지를 말아줘 우리 사랑
변함이 없을 거니까
모든 것 널 위해 남겨두고
살아가는 세월 속에

다시 또 만날 수 있기만을
기다리며 빌어 봐도
저녁 종소리가 처량한 건
넌 벌써 날 잊은 건가

수많은 세월이 흘러가도
나는 이대로일 거야
이 모습까지도 변함없이
나는 이대로일 거야

소리 없는 빗물

소리치며 울어버리면
내 임이 깨어날까 봐
어두운 이 한밤에
조용히 내리는 빗물

서럽게 이별하고
잃어버린 마음속에
그리움을 숨겨놓고
말없이 살아가려 해도

아직도 잊을 수 없어
가슴에 숨길 수 없어
설레는 내 임 창문을
살며시 흔들어보며

잠이든 내 임 모습에
미소를 띄워 보낼 때
흐르는 눈물 위로
소리 없이 내리는 빗물

외로운 나를 위하여

너만 홀로 떠나가고
외로이 남겨진 채
이 거리에 나섰는데
어디로 가야 하나

오늘 밤도 미소 짓는
네 모습 달려오고
텅 빈 가슴 둘 곳 없어
하늘만 바라보는데

지난날이 생각나며
자꾸만 눈물이 나네
돌아와 줄 수 없나
외로운 나를 위하여

언제나 널 생각하면
한없이 보고 싶은데
돌아와 줄 수 없나
외로운 나를 위하여

지울 수 없는데

그 사연 지울 수도 없는데
어떻게 잊으란 말이오
한순간도 잊을 수가 없는데

떠나는 당신은
쉬운 듯 말을 하고
가버리면 그만이겠지만

남겨진 마음은
겉으론 말 못 해도
다가오는 모두가 아픔인데

지난날 새겨놓은
아름답던 이야기도
당신이야 잊을 수 있을지라도

그 사연 지울 수도 없는데
어떻게 잊으란 말이오
한순간도 잊을 수가 없는데

실망失望

꿈을 꾸듯 젖어 살며
행복이라 생각했고

가끔은 실망해도
사랑이라 믿었는데

흘러가는 세월 속에
무지갯빛 수를 놓고

변해버린 그 마음을
무슨 수로 돌려놓나

애태우는 내 마음은
속절없이 타드는데

서산 넘어가는 해가
나를 보며 비웃어주네

사랑과 이별離別

사랑이 눈물이었나
이별이 눈물이었나
세월에 바래버린
사랑이 이별이었네

웃으며 보내놓고
때늦게 후회하는
가슴에 흐른 눈물
강물이 되어가도

지울 수 없는 사연
자꾸만 살아나는데
어떻게 잊어버려
할 말도 너무 많은데

사랑도 눈물이었네
이별도 눈물이었네
세월에 바래버린
사랑이 이별이었네

울고픈 마음(그리움, 외로움)

잊었다 생각해도
그대 모습 보이는 것은

애타는 그리움일까
홀로된 외로움일까

하루가 멀다고
아픈 마음 달랠 길 없어

남몰래 울고 싶은데
소리 없이 울고 싶은데

그래도 오지 못할
사랑이라면 잊어야겠지

못 잊어 불러보며
몸부림쳐도 부질없겠지

이 밤도 울고픈 마음
머나먼 길 달려가려네

젊음이여!

젊음이여
젊었다고 자랑만 하지 말고
언제든지
용기 있게 앞장서서 나가봐요

모두가 다
그 젊음을 부러워 해주는데
어디서나
당당하게 행동하며 살아가요

그 젊음도
세월 속에 허무한 낙엽인데
자랑하며
허송세월 보낸 뒤에 후회 말고

늙고 병든 사람 보면
도와주며 살아가요
젊음이여 꿈을 꾸며
젊음이여 사랑으로

당신은 아닙니다

당신은 분명
나의 사람이 아닙니다

내가 기다린
그런 사람이 아닙니다

당신은 그리움 속
그런 사람이 아닙니다
먼 훗날이라며
그냥 막연한 기다림에

지쳐서 머물던
그저 그런 사람입니다
당신은 언제나
그 자리에 있는 사람

나는, 나는
베푸는 빛 하나로도
살아 갈 수 있는 사람

너란 사람은

너를 만나는 희망으로
외로움을 참아왔는데

인제 와서 잊어야 한다니
차라리 홀가분해

너란 사람은 내 가슴에
피어나는 촛불이었네

살아가는 이유 중에도
너란 사람 있었는데

너란 사람은 내 마음을
너무 몰라 기다림까지도

떠난다는 말 한마디로
그렇게 쉽게 갈 수 있다는

너란 사람을 잊어야 한다니
차라리 홀가분해

이런 사랑을 왜

약속도 없었는데
자꾸만 기다려지고
그 마음 변했을까
남몰래 애가 타는

이별의 아픈 순간이
올 것 같은 마음에
온종일 안절부절
이런 사랑을 왜 했을까

언제나 곁에 두고도
그립다는 그런 사랑을
아직은 우리 서로
느끼지 못한다 해도

그래도 기다림의
순간은 행복한 것
온종일 안절부절
이런 사랑을 왜 했을까

사랑밖에

이 세상에 태어나서
이것저것 배웠지만

사랑밖에
아무것도 몰라
그 사람밖에 몰라

배움 없이 느낌으로
사랑을 알았는데

떠나보낸 지난날이
아픔의 세월이기에

바람 소리에
외로움 타며
참아도 눈물이 나네

말없이 가는
바람아!
그 사람 데려다줘

행복幸福을 위해서라면

우리는
삶의 무게가 어깨를 짓눌러도
묵묵히
그 고통을 이겨낼 수 있었지

그 뒷면에
한 가닥의 희망이 있었기에
외롭지도
슬프지도 아프지도 않았겠지

우리들이
살아가는 공간은 같을지언정
서로에게
와 닿는 느낌은 다르겠지만

사랑을
꽃피우는 행복을 위해서라면
어떠한
순간에도 참을 수 있는 것이겠지

6부

너의 그림자

너의 그림자(Ⅱ)

너의 그림자 따라
다시 찾은 이 거리에

지난날을 못 잊어
쓸쓸히 비가 내리네

네가 떠나려 하던
그날도 비가 내리며

울며 붙잡고 섰던
초라한 나를 적셨지

너의 그림자 찾다
길 잃은 내 마음은

널 잃은 내 마음은
이제는 어디로 가나

눈가에 맺힌 눈물
비 되어 한없이 흐르네

우리의 꿈은

터질 듯이 부풀어있는
탐스러운 봉오리에서
우리의 꿈이
한 송이 꽃이 되어
피어나는데

그 꿈은 지지 않을
우리들의 희망이었고
변함없는 우리 사랑
열매 맺게 해줄 것을

그 꿈을 위해
언제나 매달리며
하소연해도
아직 부족한 믿음에
의심을 품어 멀리하려네

그대여
우리의 꿈은
아름답게 피어나리라

아무리 미워해도

네가 떠나간 뒤
잊으려 애를 쓰며

지난날 이야기들
모두 다 지웠지만

웃고 있는 너의 얼굴
잊을 수가 없었어

아무리 미워해도
지워지지 않았어

이제는 돌아와 내게
기다리고 있을게

그동안 소홀했다면
용서해줘 잘 할게

오늘부터 너를 위해
빈틈없이 살아갈게

타는구나

저 하늘의 태양이
바람결에 타듯이
그리움에 지쳐버린
애간장 다 타는구나

줄다리기하듯이
밀당을 하면서도
정 하나로 사랑에
굶주린 나를 두고

내 마음을 모른 척
그렇게 지나치면
말 못 하는 가슴은
다 녹아내리는데

저 하늘의 태양이
바람결에 타듯이
그리움에 지쳐버린
애간장 다 타는구나

잊어보려네

하루라도 못 보면
죽을 것 같았는데
이제는 참을 수
있을 것 같기도 해

스치는 바람에
실려 오는 낮은 목소리
이별도 운명으로
받아들이라 하네

설움도 눈물도
하늘 멀리 날려버리고
아파도 그렇게
참아가며 잊어보려네

하루라도 못 보면
죽을 것 같았는데
이제는 참을 수
있을 것 같기도 해

그때는

내가 아는 옛날을
아마도 넌 모를 거야
내가 아는 옛날엔
호랑이도 있었지

그 호랑이의 호탕한
웃음소리와 기침 소리에
모두 다 기가 죽어서
꼬리를 감추었지

언젠가 그런 날이
다시 올 수 있을 거야
세월은 가는 거니까
자꾸만 가는 거니까

그때는 정말로
무서웠어, 지금도 그래
내가 아는 옛날을
아마도 넌 모를 거야

정처定處 없는 길

정처 없이 터벅터벅
걸어온 우리 인생길

얼마쯤 왔을까
또 얼마를 더 가야 할까

고운 정 미운 정을
심어놓고 머뭇거리며

봇짐을 풀어놓고
세월 불러 친구 했는데

한 치 앞도 모르는 길
알아버리면 재미없는 길

퍼즐을 맞춰가듯
인생길을 풀어 가보자

정처 없는 이 길을
터벅터벅 말없이 가보자

웃고 있어도

간다는 말도 없이
내 곁을 떠난 너인데

오늘 다시 만나는 순간
나는 널 안고 싶었다

또다시 가야 한다는
너의 그 말 한마디에

기쁨도 잠깐
기쁨도 잠깐
하늘이 무너졌는데

웃고 있어도
웃고 있어도
소리 없이 흐르는 눈물

보이긴 싫어
보이긴 싫어
남몰래 닦아 버렸네

하소연

가는 세월 잡지 못해
우리 사랑 식어버렸나

세월 따라 가버린 사랑
어디에서 찾을 수 있나

못 잊어도 그리워도
만날 길은 없을 텐데

믿었다고 하소연하면
저 세월이 대답해줄까

스쳐버린 지난날들
못 본 체하며 왔는데

지금에야 후회한들
무슨 소용 있겠냐마는

그래도 미련 남아
그 이름을 불러 보려네

용서容恕

잊어야 한다고
잊어줘야 한다고

말하며 애를 써도
잊을 길은 없어

마음을 달래면서
다짐도 해보지만

말없이 떠난 사람
용서를 할 수가 없네

가슴 깊은 곳에
원망은 쌓여가고

그리움까지도
눈물로 젖어 드는데

말없이 떠난 사람
용서를 할 수가 없네

사랑합니다

당신이 가신다면
내 마음 어떡하나요

난 정말 몰라, 몰라, 몰라요
진정코 사랑, 사랑합니다

이 세상에 당신이 없다면
누굴 믿고 살아가나요.

떠나지 마오
떠나지 마오 내 곁을

영원히 당신만을
사랑합니다

당신이 가신다면
내 마음 어떡하나요

난 정말 몰라, 몰라, 몰라요
진정코 사랑, 사랑합니다

저기 가네

저기 가네 저기 가네
오늘도 기다린 그 여인
그 누구의 애인일까
누구나 그런 마음일 거야

내 마음 앗아가고
돌려주지 않는 얄미운 여인
저기 가네 저기 가네
새침한 모습의 그 여인

저기 가네 저기 가네
꿈속에 그리던 그 여인
그 어디로 가는 걸까
누구를 사랑하고 있을까

날마다 애태우는
내 마음 알아주면 정말 좋겠네
저기 가네 저기 가네
미소 띤 모습의 그 여인

꿈속의 이별離別

새하얀 꿈속에서
그대의 얼굴 보았지

그대는
고개를 떨구며
내 곁을 떠나려 했지

입술은 떨고 있었지
침묵을 지키려 하며

우리의 언약들이
조각나던 그 순간

나는야
울고 말았지
아무 말 하지 못하고

떠나지 말라면서
붙잡지도 못하고서

보리피리

내 고향 언덕길에
저녁노을 붉게 타면

소녀의 가슴에는
그리움이 나래 편다

삘리리 삘리리 보리피리
불어주던 그 사람

새들도 다정한데
떠난 뒤에 소식 없네

내 가슴에 예쁜 꿈
심어놓은 그 사람은

못 잊어 나를 찾아
꽃길 따라서 오시려나

밤마다 잠 못 들고
꿈길 따라서 오시려나

한 번쯤은

우리들이 살아오며
스스로 자랑해도
한 번쯤은 돌아보며
후회하고 반성하자

자기 아픔 못 견디며
남의 아픔 본 체 만 체
염치없고 배려 없이
자신만을 위해 살며

힐끔힐끔 눈치 보고
요령 피며 살았는지
가끔은 돌아보자
나 때문에 불편한지

우리들이 살아오며
스스로 자랑해도
한 번쯤은 돌아보며
후회하고 반성하자

아픈 사랑

떠나가는 당신은

내 마음 모르겠지만

남아있는 이 가슴은
그 마음 모두 알아요

비 내리는 거리에는
찬바람만 불어오고

낙엽 되어 떨어져 가는
우리들의 아픈 사랑은

방황하다 어느 곳에
머물면서 살아갈까

괴로워도 말 못 하고

돌아서서 흐느껴 우네

쩔쩔매네

쩔쩔매네 쩔쩔매네
무슨 말을 해야 하나

오늘도 용기 내어
그 사람을 불러놓고

얼굴을 마주하면
뛰는 가슴 달랠 길 없네

어떻게 말을 하면
내 사랑을 알아줄까

마음속을 헤매네
할 말을 잃었네

이내 마음 전할 길 없네
말 못 하고 쩔쩔매네

쩔쩔매네 쩔쩔매네
수줍어서 쩔쩔매네

때늦은 후회後悔

언제라도 멋대로
떠나갈 세월인데
우리 사랑 맡기고
한없이 믿었기에

하룻밤의 꿈에서
깨어난 것처럼
우리들의 만남은
허무하게 끝났네

지켜주지 못할 걸
번연히 알면서
우리들을 두고서
희롱하며 왔던가

원망한들 무엇해
때늦은 후회인 걸
사랑할 때 서로가
서로를 지켜야지

창窓가에 서서

세월 따라서 시들어가는
아픈 가슴을 달래가면서

태우다 지친 석양에 젖어

지난날들을 돌이켜보면

언제나 내게 희망을 주던
사람이었고 전부였는데

이유도 모를 이별 앞에서
남남이 되어 돌아서 갔네

내가 준 정이 상처가 되어
되돌아오네. 아픔을 주네

꿈을 쌓았던 창 너머에는

찬바람 불고 낙엽이 지네

기적汽笛 소리 왜 울어

머물지 못해
떠나는 기차야 네가 왜 울어

참아가는
내 마음도 울려 주려나

내 사랑을
싣고 가면 그만일 텐데

잡지 못해
보내는 마음 달래나 주지

기약 없는
이별 앞에 울먹이고 있는

내 마음을
돌려놓고서 네가 왜 울어

돌아오란
말도 못 하는 내가 울어야지

목격담目擊談

그대를 보았네
난 그만 숨어버렸지
그대는 내가 많이
사랑했던 사람인데

누군가와 다정하게
속삭이며 걷고 있었지
난 심장이 멈춰지는
느낌 속에 슬퍼졌어

잊고 싶어
생각하지 않았던
그대인데

오늘따라 지난날이
사무치게 그리워지네

이러면 안 되지
행복하길 빌어줘야지

해설

사랑과 삶에 대한 애환을 담아낸 감성의 노랫말 (시)

– 윤주동의 시세계

최영구 [문학박사]

윤주동 창작집 제8집『꿈속으로 가는 바람』의 작품들을 보면 그의 다른 창작집들의 시 혹은 시조와는 다른 모습을 보인다. 시나 시조의 장르에 얽매이지 않고 노래 가사의 형식을 취했다는 것이 그것이다. 그게 그것이지만 차이점이라면 노랫말은 내용보다 음악성에 더 치중한다는 점이다. 그리고 내용면에서도 누구나 쉽게 기억할 수 있는 말들로 이루어져 미적인 측면보다 고백적 호소적 정서에 더 관심을 둔다는 점이 차이점이라면 차이점이라 할 것이다. 엄격히 말하면 노래에 대한 노랫말로서의 계획적인 의도를 전제로 하기 때문에 시와 시조의 언어와는 구별된다.

우리 노래 가사의 대부분은 7, 5조의 음수율이 바탕이다. 윤주동의 이번 창작집의 노랫말 역시 7, 5조의 음수율을 근간으로 하고 있다. 그런 점 역시 다른 창작집의 시들과는 다르다.

시가 소설과 같은 다른 정서의 문학과 구분되는 것은 운율적인 형식을 취하는 데에 있지만, 그 운율은 외적인 형식에 있어서만이 아니고 인간의 영혼에서 우러나온 것이어야 한다. 노랫말의 음악성은 더욱 그러하다.

모든 계획적이고 형식화된 정저의 표현은 율동미에 대한 계획적인 의도를 전제로 한다. 물론 자발적인 율동감도 문학적인 가치를 지닌다. 의도적이거나 자발적이거나 조화된 율동미가 깃들지 않은 정서는 모호하여 감지되지 못한다.

시인이 그의 감정을 의도적으로 표현할 때 그의 언어는 운율 또는 율동의 언어가 된다. 그처럼 절실한 감정이 운율의 형식으로 표현될 때는 그것은 자연스럽고 아름다운 감정을 주게 된다. 노랫말은 그런 효과를 극대화시킨다. 윤주동의 노랫말 시 역시 그러하다.

음악은 가장 완성된, 그리고 가장 복잡한 종류의 운율이라고 할 수 있다. 정서와 율동이 음악예술의 존재이유 및 가치를 낳게 했다면, 거기에 감성적 언어가 덧붙여졌을 때 시의 존재이유 및 가치가 나타나게 되었다고 해야 할 것이다.

인생의 진면을 경험케 하는 노랫말의 정서가 운율적인 혹은 음악적인 형식에서 가장 절실하게 표현되는 것은 그러한 율동미 혹은 음악적인 특성이 정서의 본질적인 특성과 일치하기 때문이다.

운율과 음악은 동일하지는 않지만 매우 흡사하기 때문에, 노랫말은 시적 운율의 음악적인 규칙들과 비유하여 설

명될 수 있다.

음악적인 효과와 운율적인 효과는 모두 네 가지 소리의 변화에 따라 달라진다. 그것들은 첫째로 길거나 짧은 것, 둘째로 크거나 부드러운 것, 셋째로 높거나 낮은 것, 넷째로 음색의 다양성이다. 음악에서는 이 네 요소들이 명확하게 구분된다. 음의 길이는 박자로 측정되고, 음의 강도는 박자들을 구분시키고, 음의 높낮이는 가락을 만들고, 음의 질 또는 음색은 여러 다양한 음악가들에 의해 변화된다.

시에서는 그러한 네 요소들이 음악에서처럼 정확하게 나타나지 않는다. 하지만 노랫말 시는 특히 음악에서 중요한 기능을 하는 소리의 높낮이인 가락을 의식하여 창작된다는 점이 음악과는 다르다.

윤주동의 이번 창작집은 그런 노랫말의 시로 구성되었다는 점이 특이하다. 노래로 불렀을 때의 호소력과 고백적 정서가 고스란히 드러난 시들이란 특이성으로 하여 또 다른 정서적 맛을 더하여 보여주고 있다.

가슴 깊이 품었던
모든 것 다 내려놓고
젖은 눈 숨긴 채로
뒤돌아서 가려 하네

새들이 날갯짓하듯
두 팔 활짝 펴고
헛웃음 한 번 웃고
또다시 꿈속으로

희망을 한 아름 안고
바쁜 걸음으로 왔다가
그날처럼 또다시
꿈속으로 가는 바람

그 꿈에 빠져 살다
돌아올 날 있으려나
그날처럼 또다시
꿈속으로 가는 바람

—「꿈속으로 가는 바람」 전문

윤주동의 노랫말 시 「꿈속으로 가는 바람」은 표제시다. "가슴 깊이 품었던/모든 것 다 내려놓고/젖은 눈 숨긴 채로 / 뒤돌아서 가려 하네" 첫 소절이다. 화자에게 절실했던 소망을 내려놓고 미련 없이 떠나겠다는 의지의 표현이다. '모든 것 다 내려놓는다'는 것은 가장 소중히 여겼던 걸 내려놓겠다는 의미다. 가장 소중했던 것이기에 '모든 것'이 될 수 있는 것이다. 소중한 하나는 곧 모든 것을 지탱하게 하는 핵이요 중심이기 때문이다.

이를테면 우리가 사랑을 잃었을 때를 가정해 보라. 그건 곧 모든 것을 포기하는 것이 된다. 사랑은 그 사람의 존재 이유이자 삶의 동력이기 때문이다. 하여 많은 사람들은 사랑을 잃었을 때 가장 절망감을 느낀다. 그래서 간혹 자신을 포기하기도 한다. 하지만 위의 시에서는 화자가 가장 소중했던 걸 포기하고 다시 삶을 시작하겠다는 절망 속에서의 자아 확인과 재기의 의지를 다짐하고 있다.

이어 지금까지의 과정이 꿈과 같은 미로였음을 고백한

다. 꿈과 같은 미로였다면 그건 화자가 포기하는 것이 화자에게 가장 아름답고 황홀감을 준 것임에 틀림없어 보인다. 그런 황홀감과 아울러 위의 시가 노랫말 시라는 점과 그의 다른 노랫말 시들과 연관시켜 보면 그게 사랑이었음을 짐작하게 한다. '젖은 눈 숨긴 채로'를 보면 더욱 그러하다. "그 꿈에 빠져 살다/돌아올 날 있으려나/그날처럼 또다시/꿈속으로 가는 바람" 마지막 소절이다. 우리가 미몽이라 일컫는 '꿈에 빠져 살다'는 그가 누린 행복감과 관련이 있으리라. '그날처럼 또다시/꿈속으로 가는 바람'은 사랑을 잃은 가늠할 수 없는 날들과, 잊을 수 없는 사랑의 날들을 간접적으로 표현하면서도 그와 같은 다른 소망 곧 사랑을 꿈꾸며 살아가겠다는 뜻이기도 하다. 결국 윤주동의 위의 노랫말 시 「꿈속으로 가는 바람」은 결국 사랑에 대한 미련을 노래한 것이다. 노랫말로는 그럴 듯한 게 아닌가.

그리운 얼굴들을
눈물에 묻어놓고
타국 하늘 뜬 달에서
고국을 보았네

독립을 생명 삼아
죽음도 두려움 없이
피를 태워 외쳐오다
만세를 불렀네

회상에 살아나는
그날의 설움들이
남겨진 채 못다 이룬

평화 통일을

가슴 깊이 그리며
그날을 달래네
행복이 꽃피는
내 조국 내 겨레

–「독립 이야기」 전문
※ 제100주년 삼일절을 기념하며.

전체 4절로 된 노랫말 시다. 앞 두 소절은 독립투사들의 심정을 그린 노랫말로, 뒤의 두 소절은 광복된 조국이지만 통일을 이루지 못한 조국의 분단과 그 비극적 상황을 제시하고 통일로 하나 된 겨레와 조국을 기원하고 있다.

역사적으로 볼 때 우리민족은 참 많은 시련을 겪으며 살아왔다. 끊임없는 외세의 침략과 그 고통 속에서의 시련이 그것이다. 그 중에서도 가장 비극적이라 할 만한 것은 바로 일제 침탈과 조국의 분단이라 할 것이다. 우리는 그런 비극적 상황을 다독이며 살아가야 한다. 그러기 위해서 우리는 우리 스스로를 위무하고 현실을 직시하며 서로에게 다짐하듯 통일을 꿈꾸며 살아가야 한다는 노랫말 시다.

그런 조국을 향한 끝없는 애착과 조국애를 테마로 한 노랫말 시가 바로 윤주동의 위의 시 「독립 이야기」다.

노래는 우리에게 더 많은 감성적 호소력을 갖는다. 노랫말과 가락이 어우러져 더 큰 호소력을 갖기 때문이다. 이제 우리에게 그런 노랫말로 스스로를 위로하며 다짐해야 할 만한 것이 있다면 바로 통일이 아니던가. 우리 모두 노래로 통일을 이룰 수 있다면 천만 번 노래하고 싶은 심정이 아니겠는가.

네가 나를 싫다 해도
내 마음은 변함없어
정을 실어 바람 따라
흘러온 날 얼마인데

인제 와서 지난 세월
지워 가려 하는 거야
깊이 새긴 사연들을
지울 길은 없을 텐데

한순간의 마음으로
돌아서면 후회할 걸
아득히 멀리 가야 하는
우리들의 사랑의 길

때에 따라 가끔은
바람 불고 비 내려도
그 순간이 지나가면
다시 가야 할 사랑의 먼 길

－「사랑의 먼 길」 전문

노랫말은 원래 대중의 감성을 자극해야 하는 법이다. 그래서 감정의 노출도 마다하지 않는다. 사랑이라는 테마는 언제나 보편적인 정서로 비애와 환희라는 감정적 호소력을 갖는다. 그리고 사랑과 이별은 그래서 더욱 애상적이거나 감상적이 된다.

상대의 변심에도 변함없는 사랑에 대한 확인은 더욱 그러하다. 어떤 시련에도 굴복하지 않고 꿋꿋이 사랑하겠다는 맹세는 더욱 많은 이에게 감정적 자극을 주게 된다. 왜냐하면 사랑에는 많은 갈등과 우여곡절이 있게 되기 때문이다. 그리고 갈등과 우여곡절이 있게 되는 것은 사랑이 상대적이기 때문이기도 하다. 사랑은 상대가 있어 결코 자신의 의지로만 되는 것이 아니다.

그런 사랑의 갈등과 사랑에 대한 굳은 의지와 확인, 그리고 변함없는 사랑이야기는 매우 대중적인 호소력을 갖는 법이다. 그리고 사랑이라는 노랫말은 언제나 고백적이다. 사랑의 감정을 상대에게 호소하는 그 자체도 일종의 사랑의 행위다. 그리고 사랑하는 사람은 그런 고백을 통해 사랑을 얻거나 유지하게 된다. 위의 노랫말 시「사랑의 먼 길」은 사랑에 대한 변함없는 심정과 고백이 함축되어 있어 호소력을 더한다.

날 두고
떠나가라 했는데

뒷모습을 보면 눈물이 날까 봐
차마 보지 못했기에
잘 가란 말도 못 했네

이별이란
슬픈 것이기에

누구라도 보내기 싫어하는데
그래도 난 너의
행복을 빌며 보내주었네

훗날
그리워지면 내 마음

무슨 말로 어떻게 달래야 하나
미워하면 모든 것이
하얗게 지워지겠지

—「이별離別이 슬픔이라 해도」 전문

별리別離의 안타까움을 노래한 시다. '어쩔 수 없이 떠나가라 했는데' 하지만 사랑했던 마음을 거두어 드릴 수 없는 안타까운 심정을 노래하고 있다. 사랑의 가장 비극적 상황은 이별일 것이다. 그래서 이별의 사연들은 항상 비애미를 담아낸다. 하여 예부터 이별은 많은 시의 소재가 되거나 테마가 되기도 한다. 위 노랫말 시를 읽으면 여요「가시리」를 떠올리게 한다. "가시리가시리잇고나ᄂᆞᆫ('위증즐가태평성대' 이하후렴구 생략)날러는엇디살라ᄒᆞ고ᄇᆞ리고가시리잇고잡ᄉᆞ와두어리마ᄂᆞ는선ᄒᆞ면아니올세라설온님보내ᅀᆞᆸ노니ᄂᆞᆫ가시는듯도셔오쇼서" 인지상정이라 했던가. 임을 보내는 안타까움이 잘 드러난 고려시대의 노랫말 가사다. 풀어쓰면 "나를 두고 정말로 가시겠습니까. 당신이 가면 나는 어찌 살라하고 가시겠습니까. 잡을 수도 있지마는 심하면 아니 올까 두려워 고이 보내드리니 가시듯 곧 돌아오소서." 위의 시에서도 그런 별리의 마음이 읽힌다.

"보내기 싫어하는데/그래도 난 너의/행복을 빌며 보내주었네" 그래도 사랑하는 사람임에랴. '행복을 빌며 보내주었네' 그렇게 보내줄 수밖에 없는 심정, 그게 사랑이다. 절실한 사랑이기에 이별의 사연은 더욱 절실하게 닿는다. 그런 사랑이니 '훗날/그리워질' 것이고, 그리움에 대한 감당은 당연히 보내는 이의 것이 될 것이라는 사랑과 이별의 사연을 담아낸 노랫말이다.

내가 살아오면서
인생을 알았더냐

사랑을 알았더냐
욕심만 채웠더냐

세월은 홀로 그냥
가는 줄 알았는데

외로워 가지 못해
나를 따라왔다네

많이만 가지려 했고
움켜쥐고 있었는데

지나고 돌아보니
모두가 빈손이었네

아쉬워 하지 마라네
어차피 빈손이라며

－「그리고」 전문

'공수래공수거'라는 말이 빈말이 아님을 이 시는 말해주고 있다. 우리는 평생의 시간 속 삶을 살아가면서도 인생과 사랑과 욕망에 대해 곧이곧대로 이해하지 못한다. 삶이 곧 사랑과 인생의 문제와 욕망과의 부딪힘이요 갈등이면서도 말이다. 평생의 삶과 자아, 사랑과 자아, 욕망 속의 자아일 뿐 그것과의 거리를 두고 바라보지 못한다. 하지만 화자는 늦게나마 그런 삶을 되돌아볼 수 있는 시간 속에 있다. 많은 날을 살아왔기 때문이다. 만년의 자아를 되돌아보며 초연한 시간을 꿈꾼다. 1-5연까지는 인생과 사랑과 욕망 속의 나날을 되돌아보고, 마지막 연에서는 그런 삶을 성찰의 대상으로 삼아 마무리 한다. 많은 시간 속을 걸어왔기 때문이리라. 자아가 자아를 되돌아보는 일 그것은 매우 소중한 일이다.

농부들은 논밭에서
바쁜 손길을 움직이고
풀을 뜯던 어미 소는
뛰노는 새끼 소 살핀다

성황당 앞 고목 하나가
지나가고 큰 산이 지나가고
흘러가는 냇물 위로
작은 새들이 날아오른다

이 모든 장면들이
영화처럼 스쳐서 가고
내 몸은 기차에 실려
쏜살같이 달려서 가네

마음은 나도 몰래
무얼 찾아 자꾸만 설렌다
그 어디로 가는지를
알려고도 하지 않고서

–「기차汽車에 실려」 전문

윤주동의 작품 「기차汽車에 실려」는 시제처럼 기차여행을 하면서 바라본 서경과 서정이 어우러진 시다. 창밖의 풍경도 있고 서정도 있다. 그래서 마음 설레하면서도 자아를 뒤돌아보는 데 소홀히 하지 않는다. 그게 바로 시심이다. 자아가 없는 시는 피상적인 시가 되기 십상이다. 자아가 내재해 있음으로 해서 모든 풍경은 의미 있는 풍경이 된다. 모든 풍경은 존재 그 자체만으로도 유의미한 것이 된다. 그런 화자의 눈은 무심하지 않음을 보여준다. 창밖의 모든 현실과 실경은 모두 제 실존적 가치를 실현하고 있다. 그러면서 제 갈 길을 가고 있다. 하지만 자아는 자아에게 묻는다. 여행에 마음 설레하면서도 진정한 자아의 실존을 잃어버린 처지에 있지 않느냐? 고. 여행은 그 자체로도 무의미하지 않는 것이지만 말이다. 그럼에도 화자는 모든 실존에서 이탈한 듯한 자아에 눈을 돌린다. 여행 중 자아 발견과 자아에 대한 자성이라고나 할까. 그런 실존적 자각과 각성이 이 시의 테마라고라 할 것이다. 그런 의미로 읽는다면 매우 의미 있는 시다.

세월아 게 섰거라

내 너를
여기에다 잡아두고
흥을 돋우어 마음껏 즐겨보련다

내 곁에다
예쁜 꽃을 피워주고
새들을 모두 다 불러 모아 다오

이슬 머금은
꽃잎을 따서 입에 물고
온갖 새들의 장단에 춤을 추련다

세월아 게 섰거라

내 너를
여기에다 잡아두고
근심 걱정 털어놓고 즐겨보련다

—「세월歲月을 잡아두고」 전문

세월을 잡아둘 수만 있다면 얼마나 좋을까. 그런 의미에서 윤주동의 시「세월歲月을 잡아두고」는 역설적이다. 잡을 수 없는 세월을 잡아 두고자 하니 말이다. 고난과 역경의 세월과 삶을 말과 시로 뒤집어 보려한다. 아이러니하게도 "내 너를/여기에다 잡아두고/흥을 돋우어 마음껏 즐겨보련다" 그런 세월과 삶을 잃은 데 대한 보상으로서의 아이러니가 아니겠는가. 그런 의미에서 삶에 대한 보상과 보다 나은 삶을 꿈꾸는 하나의 판타지적 기법의 시이기도 하다. 실현 가능성은 없지만 꿈꾸기의 시적 서정으로 보상을 얻고 있다. 어느 누구도 시간 속, 삶의 역경과 고통에 자유로울 수 없는 법, 그럴 때마다 우리는 세월을 되돌리고 싶어한다. 그럴 수만 있다면 말이다. 세월을 되돌리는 일은 불가능하기에 오히려 반어적이기도 하다. 그래서 위의 시는 유머러스한 느낌마저 주게 된다. 시가 현실의 환상화이며 꿈꾸기요 판타지라고 흔히들 말한다. 위의 시는 그런 판타지적 묘미를 살려낸 시다. 거리낌 없는 호방한 느낌을 주는 노랫말이기도 하다.

세월 따라서 시들어가는
아픈 가슴을 달래가면서

태우다 지친 석양에 젖어

지난날들을 돌이켜보면

언제나 내게 희망을 주던
사람이었고 전부였는데

이유도 모를 이별 앞에서
남남이 되어 돌아서 갔네

내가 준 정이 상처가 되어
되돌아오네. 아픔을 주네

꿈을 쌓았던 창 너머에는

찬바람 불고 낙엽이 지네

–「창窓가에 서서」 전문

노랫말에는 늘 사랑과 이별이 전제된다. 그만큼 사랑과 이별은 모든 이의 감정을 자극할 수 있기 때문이다. 불러서 함께 공감하고, 사랑과, 슬픔과, 즐거움에 대한 강렬한 감정을 나누어 가지고자 하는 게 노래다. 그리고 그걸 뒷받침하는 게 노랫말이다. 또한 노래는 불러서 즐겁거나 애상적이거나 고무적인 것이어야 한다. 사랑과 이별의 감정은 늘 그런 것들과 깊은 관련성을 갖는다. 그래서 사랑과 이별의 노래는 모든 이에게 큰 호소력을 주게 된다. 사랑과 이별의 감정은 센티멘털한 것으로 미적 언어와는 구별되지만 노랫말을 쓰는 시인들은 사랑과 이별이라는 큰 호소력에 매력을 느껴 사랑과 이별을 소재로 즐겨 다루게 된다.

창가에 서서 지난 사랑과 이별을 생각하고 회상하는 화자의 쓸쓸한 시선은 매우 감상적이다. 하지만 "꿈을 쌓았던 창 너머에는//찬바람 불고 낙엽이 지네"에서 앞 연들에서 보여준 감정적 호소를 미적 언어로 바꾸어 마무리한다. 윤주동의 위의 시 「창窓가에 서서」 역시 모든 노랫말이 그러하듯 감상적이고 감정적이지만 시적 언어구축의 일면도 보여준다. 그래서 그의 노랫말을 노랫말 시라 일컫기를 주저하지 않는다.

마지막으로 윤주동 창작집 제8집 『꿈속으로 가는 바람』은 대부분 노랫말로 엮은 시들이다. 노랫말들은 대부분 감정과 감상적 정서에 의존한다. 노래 불렀을 때의 호소력을 염두에 두기 때문이다. 하여 특성상 본격적인 시와는 구별된다.

하지만 시는 애초에 노래된 것이다. 또한 시적 언어는 매우 복잡하고, 감정에 관계되는 영향이 순열과 조합, 율동과 운율, 연상과 암시와 같은 매우 다양한 것들에 의해 구축된다. 그런 점들은 노랫말 언어 역시 마찬가지다. 노랫말을 누가 어떤 관점에서 다루느냐에 따라 노랫말이 보다 시적 언어가 될 수 있다. 그 예로 밥 딜런을 들 수 있겠다. 그는 노벨 문학상을 수상한 가수요 노랫말 작사가다. 윤주동 시인을 밥 딜런에 비교하는 건 아니다. 하지만 윤주동 노랫말에는 감성적 언어와 연상과 암시 순열과 조합이 시적인 발상에 근거하고 있다. 그건 아마 그가 시인이요 시조 작가이기 때문이리라. 그런 점을 주목하고 그의 노랫말을 노랫말시라 칭했다. 그만큼 그의 노랫말이 시적 안목을 보여주기 때문이다.

윤주동 창작집 제8집 『꿈속으로 가는 바람』의 상재를 축하하면서 글을 맺는다.

| 최영구 |
시인, 문학박사
한국문인협회, 부산문인협회 회원, 새부산시인협회 회장 역임
한국시문학 연구회 대표
시집: 『보리수 나무를 키웠다』 외 다수

윤주동 창작집 제8집

꿈속으로 가는 바람

인쇄일: 2018년 12월 10일
발행일: 2018년 12월 17일

지은이: 윤주동
펴낸이: 최경식
펴낸곳: 도서출판 청옥문학사
인쇄처: 세종문화사

등록번호 제10-11-05호
E-mail: sik620@hanmail.net
전화: 051-517-6068

값 12,000원

ISBN 978-89-97805-81-5 03810

이 도서의 국립중앙도서관 출판예정도서목록(cip)은 서지정보유통지원시스템 홈페이지(http://seoji.nl.go.kr)와 국가자료공동목록시스템(http://www.nl.go.kr/kolisnet)에서 이용하실 수 있습니다.(cip2018038978)